AGENDA

2 0 2 0

Questa agenda appartiene a:

_____

_____

_____

_____

_____

_____

	Gennaio	Febbraio	Marzo	Aprile	Maggio	Giugno
1	Mer	Sab	Dom	Mer	Ven	Lu
2	Gio	Dom	Lun	Gio	Sab	Ma
3	Ven	Lun	Mar	Ven	Dom	Me
4	Sab	Mar	Mer	Sab	Lun	Gio
5	Dom	Mer	Gio	Dom	Mar	Ven
6	Lun	Gio	Ven	Lun	Mer	Sab
7	Mar	Ven	Sab	Mar	Gio	Dom
8	Mer	Sab	Dom	Mer	Ven	Lu
9	Gio	Dom	Lun	Gio	Sab	Ma
10	Ven	Lun	Mar	Ven	Dom	Me
11	Sab	Mar	Mer	Sab	Lun	Gio
12	Dom	Mer	Gio	Dom	Mar	Ven
13	Lun	Gio	Ven	Lun	Mer	Sab
14	Mar	Ven	Sab	Mar	Gio	Dom
15	Mer	Sab	Dom	Mer	Ven	Lu
16	Gio	Dom	Lun	Gio	Sab	Ma
17	Ven	Lun	Mar	Ven	Dom	Me
18	Sab	Mar	Mer	Sab	Lun	Gio
19	Dom	Mer	Gio	Dom	Mar	Ven
20	Lun	Gio	Ven	Lun	Mer	Sab
21	Mar	Ven	Sab	Mar	Gio	Dom
22	Mer	Sab	Dom	Mer	Ven	Lu
23	Gio	Dom	Lun	Gio	Sab	Ma
24	Ven	Lun	Mar	Ven	Dom	Me
25	Sab	Mar	Mer	Sab	Lun	Gio
26	Dom	Mer	Gio	Dom	Mar	Ven
27	Lun	Gio	Ven	Lun	Mer	Sab
28	Mar	Ven	Sab	Mar	Gio	Dom
29	Mer	Sab	Dom	Mer	Ven	Lu
30	Gio		Lun	Gio	Sab	Ma
31	Ven		Mar		Dom	

2020

Luglio	Agosto	Settembre	Ottobre	Novembre	Dicembre	
Mer	Sab	Mar	Gio	Dom	Mar	1
Gio	Dom	Mer	Ven	Lun	Mer	2
Ven	Lun	Gio	Sab	Mar	Gio	3
Sab	Mar	Ven	Dom	Mer	Ven	4
Dom	Mer	Sab	Lun	Gio	Sab	5
Lun	Gio	Dom	Mar	Ven	Dom	6
Mar	Ven	Lun	Mer	Sab	Lun	7
Mer	Sab	Mar	Gio	Dom	Mar	8
Gio	Dom	Mer	Ven	Lun	Mer	9
Ven	Lun	Gio	Sab	Mar	Gio	10
Sab	Mar	Ven	Dom	Mer	Ven	11
Dom	Mer	Sab	Lun	Gio	Sab	12
Lun	Gio	Dom	Mar	Ven	Dom	13
Mar	Ven	Lun	Mer	Sab	Lun	14
Mer	Sab	Mar	Gio	Dom	Mar	15
Gio	Dom	Mer	Ven	Lun	Mer	16
Ven	Lun	Gio	Sab	Mar	Gio	17
Sab	Mar	Ven	Dom	Mer	Ven	18
Dom	Mer	Sab	Lun	Gio	Sab	19
Lun	Gio	Dom	Mar	Ven	Dom	20
Mar	Ven	Lun	Mer	Sab	Lun	21
Mer	Sab	Mar	Gio	Dom	Mar	22
Gio	Dom	Mer	Ven	Lun	Mer	23
Ven	Lun	Gio	Sab	Mar	Gio	24
Sab	Mar	Ven	Dom	Mer	Ven	25
Dom	Mer	Sab	Lun	Gio	Sab	26
Lun	Gio	Dom	Mar	Ven	Dom	27
Mar	Ven	Lun	Mer	Sab	Lun	28
Mer	Sab	Mar	Gio	Dom	Mar	29
Gio	Dom	Mer	Ven	Lun	Mer	30
Ven	Lun		Sab		Gio	31

	Gennaio	Febbraio	Marzo	Aprile	Maggio	Giugno
1	Ven	Lun	Lun	Gio	Sab	Mar
2	Sab	Mar	Mar	Ven	Dom	Mer
3	Dom	Mer	Mer	Sab	Lun	Gio
4	Lun	Gio	Gio	Dom	Mar	Ven
5	Mar	Ven	Ven	Lun	Mer	Sab
6	Mer	Sab	Sab	Mar	Gio	Dom
7	Gio	Dom	Dom	Mer	Ven	Lun
8	Ven	Lun	Lun	Gio	Sab	Mar
9	Sab	Mar	Mar	Ven	Dom	Mer
10	Dom	Mer	Mer	Sab	Lun	Gio
11	Lun	Gio	Gio	Dom	Mar	Ven
12	Mar	Ven	Ven	Lun	Mer	Sab
13	Mer	Sab	Sab	Mar	Gio	Dom
14	Gio	Dom	Dom	Mer	Ven	Lun
15	Ven	Lun	Lun	Gio	Sab	Mar
16	Sab	Mar	Mar	Ven	Dom	Mer
17	Dom	Mer	Mer	Sab	Lun	Gio
18	Lun	Gio	Gio	Dom	Mar	Ven
19	Mar	Ven	Ven	Lun	Mer	Sab
20	Mer	Sab	Sab	Mar	Gio	Dom
21	Gio	Dom	Dom	Mer	Ven	Lun
22	Ven	Lun	Lun	Gio	Sab	Mar
23	Sab	Mar	Mar	Ven	Dom	Mer
24	Dom	Mer	Mer	Sab	Lun	Gio
25	Lun	Gio	Gio	Dom	Mar	Ven
26	Mar	Ven	Ven	Lun	Mer	Sab
27	Mer	Sab	Sab	Mar	Gio	Dom
28	Gio	Dom	Dom	Mer	Ven	Lun
29	Ven		Lun	Gio	Sab	Mar
30	Sab		Mar	Ven	Dom	Mer
31	Dom		Mer		Lun	

Luglio	Agosto	Settembre	Ottobre	Novembre	Dicembre	
Gio	Dom	Mer	Ven	Lun	Mer	1
Ven	Lun	Gio	Sab	Mar	Gio	2
Sab	Mar	Ven	Dom	Mer	Ven	3
Dom	Mer	Sab	Lun	Gio	Sab	4
Lun	Gio	Dom	Mar	Ven	Dom	5
Mar	Ven	Lun	Mer	Sab	Lun	6
Mer	Sab	Mar	Gio	Dom	Mar	7
Gio	Dom	Mer	Ven	Lun	Mer	8
Ven	Lun	Gio	Sab	Mar	Gio	9
Sab	Mar	Ven	Dom	Mer	Ven	10
Dom	Mer	Sab	Lun	Gio	Sab	11
Lun	Gio	Dom	Mar	Ven	Dom	12
Mar	Ven	Lun	Mer	Sab	Lun	13
Mer	Sab	Mar	Gio	Dom	Mar	14
Gio	Dom	Mer	Ven	Lun	Mer	15
Ven	Lun	Gio	Sab	Mar	Gio	16
Sab	Mar	Ven	Dom	Mer	Ven	17
Dom	Mer	Sab	Lun	Gio	Sab	18
Lun	Gio	Dom	Mar	Ven	Dom	19
Mar	Ven	Lun	Mer	Sab	Lun	20
Mer	Sab	Mar	Gio	Dom	Mar	21
Gio	Dom	Mer	Ven	Lun	Mer	22
Ven	Lun	Gio	Sab	Mar	Gio	23
Sab	Mar	Ven	Dom	Mer	Ven	24
Dom	Mer	Sab	Lun	Gio	Sab	25
Lun	Gio	Dom	Mar	Ven	Dom	26
Mar	Ven	Lun	Mer	Sab	Lun	27
Mer	Sab	Mar	Gio	Dom	Mar	28
Gio	Dom	Mer	Ven	Lun	Mer	29
Ven	Lun	Gio	Sab	Mar	Gio	30
Sab	Mar		Dom		Ven	31

1

MER

2
GIO

GENNAIO

4
SAB

5
DOM

6
LUN

8
MER

12
DOM

14
MAR

GENNAIO

15

MER

16
GIO

GENNAIO

18
SAB

19
DOM

20
LUN

21
MAR

GENNAIO

23
GIO

GENNAIO

25
SAB

26
DOM

29
MER

30
GIO

GENNAIO

1
SAB

2
DOM

4
MAR

5
MER

8
SAB

9
DOM

11
MAR

FEBBRAIO

13
GIO

FEBBRAIO

15
SAB

16
DOM

17
LUN

20
GIO

FEBBRAIO

22
SAB

23
DOM

24
LUN

25
MAR

FEBBRAIO

26
MER

28
VEN

29
SAB

1
DOM

2
LUN

3
MAR

9
LUN

10
MAR

11
MER

15 DOM

16
LUN

17
MAR

18
MER

19
GIO

MARZO

21
SAB

22
DOM

23
LUN

25
MER

26
GIO

27
VEN

30
LUN

31
MAR

1

MER

5
DOM

11
SAB

12
DOM

16
GIO

APRILE

_____
_____
_____
_____
_____
_____
_____
_____
_____
_____
_____
_____

_____
_____
_____
_____
_____
_____
_____
_____

20
LUN

25
SAB

APRILE

26
DOM

27
LUN

29
MER

30
GIO

2
SAB

3
DOM

9
SAB

10
DOM

11
LUN

12
MAR

16
SAB

17
DOM

24
DOM

25
LUN

26
MAR

30
SAB

31
DOM

6
SAB

7
DOM

27
SAB

28
DOM

4
SAB

5
DOM

7
MAR

12
DOM

25
SAB

26
DOM

1
SAB

2
DOM

3
LUN

9
DOM

15
SAB

16
DOM

17
LUN

18
MAR

24
LUN

26
MER

27
GIO

29
SAB

30
DOM

31
LUN

2
MER

7
LUN

8
MAR

9
MER

12
SAB

13
DOM

14
LUN

15
MAR

16
MER

19
SAB

20
DOM

21
LUN

22
MAR

23
MER

27
DOM

28
LUN

29
MAR

11
DOM

14

MER

17
SAB

18
DOM

21

MER

24
SAB

25
DOM

28
MER

29
GIO

OTTOBRE

1
DOM

8
DOM

9
LUN

11
MER

14
SAB

15
DOM

18
MER

_____

_____

_____

_____

_____

_____

_____

_____

_____

_____

_____

_____

22
DOM

_____

_____

_____

_____

_____

_____

_____

_____

_____

_____

24
MAR

26
GIO

NOVEMBRE

28
SAB

29
DOM

3
GIO

5
SAB

6
DOM

7
LUN

8
MAR

9
MER

10
GIO

DICEMBRE

15
MAR

DICEMBRE

17
GIO

19
SAB

20
DOM

21
LUN

22
MAR

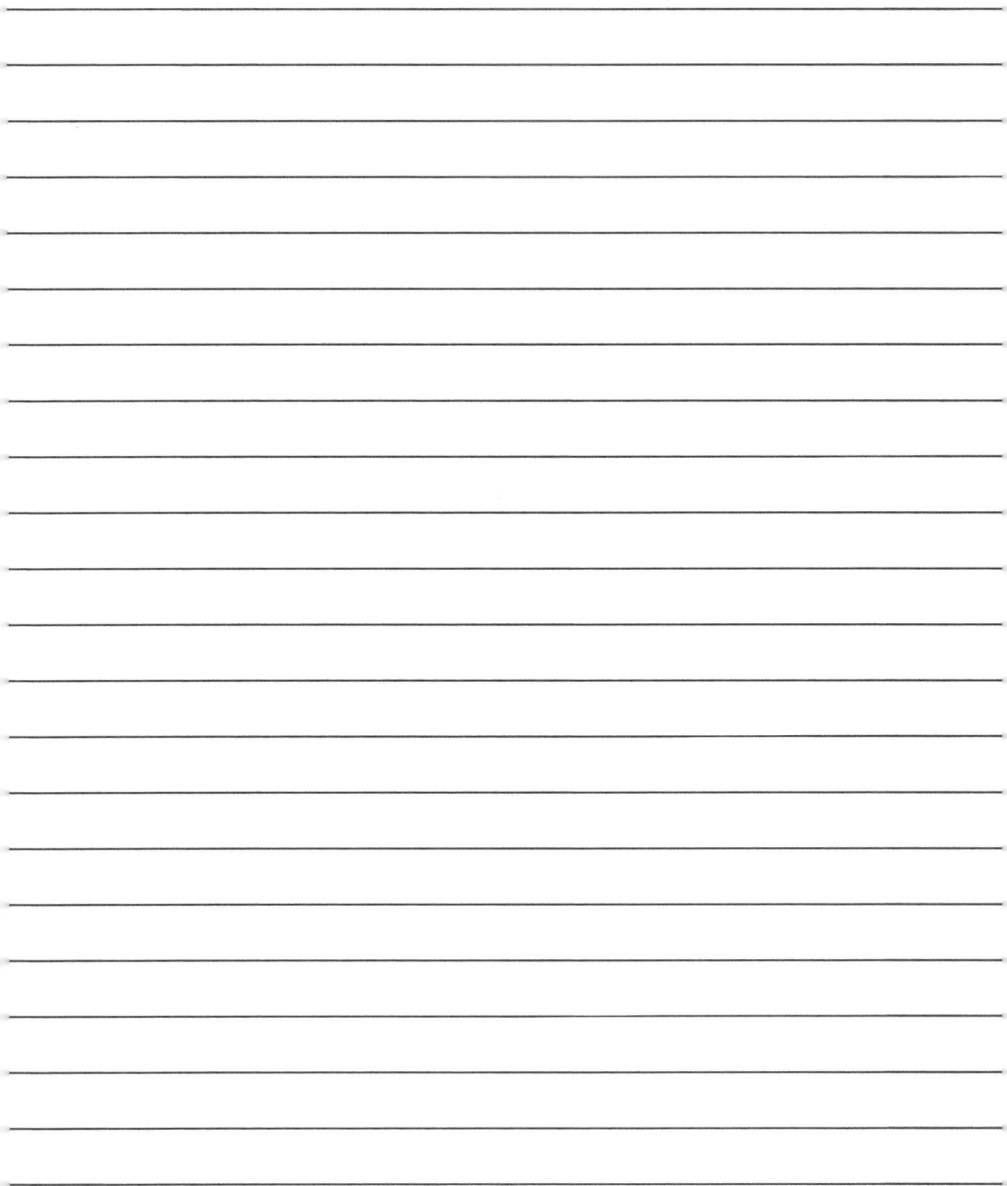

24
GIO

28
LUN

29
MAR

30
MER

31
GIO

LUN	MAR	MER	GIO
		1	2
6	7	8	9
13	14	15	16
20	21	22	23
27	28	29	30

VEN	SAB	DOM
3	4	5
10	11	12
17	18	19
24	25	26
31	1	2

Note

_____
_____
_____
_____
_____
_____
_____
_____

Cose da fare

○ _____
○ _____
○ _____
○ _____
○ _____
○ _____
○ _____
○ _____
○ _____
○ _____
○ _____
○ _____

LUN	MAR	MER	GIO
27	28	29	30
3	4	5	6
10	11	12	13
17	18	19	20
24	25	26	27

VEN	SAB	DOM
31	1	2
7	8	9
14	15	16
21	22	23
28	29	1

Note

_____
_____
_____
_____
_____
_____
_____
_____
_____

Cose da fare

○ _____
○ _____
○ _____
○ _____
○ _____
○ _____
○ _____
○ _____
○ _____
○ _____
○ _____

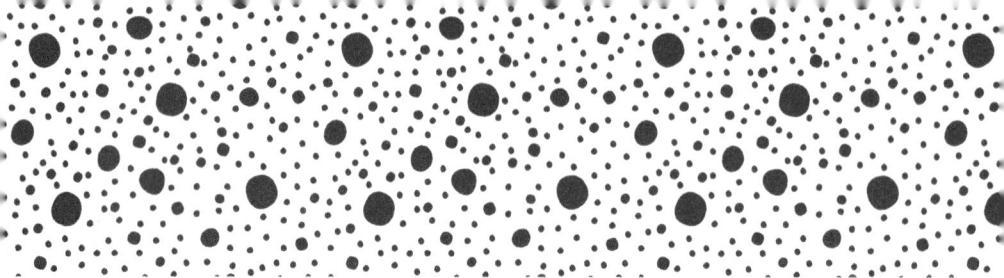

LUN	MAR	MER	GIO
24	25	26	27
2	3	4	5
9	10	11	12
16	17	18	19
23 / 30	24 / 31	25	26

VEN	SAB	DOM
28	29	1
6	7	8
13	14	15
20	21	22
27	28	29

Note

_____
_____
_____
_____
_____
_____
_____
_____
_____

Cose da fare

○ _____
○ _____
○ _____
○ _____
○ _____
○ _____
○ _____
○ _____
○ _____
○ _____
○ _____

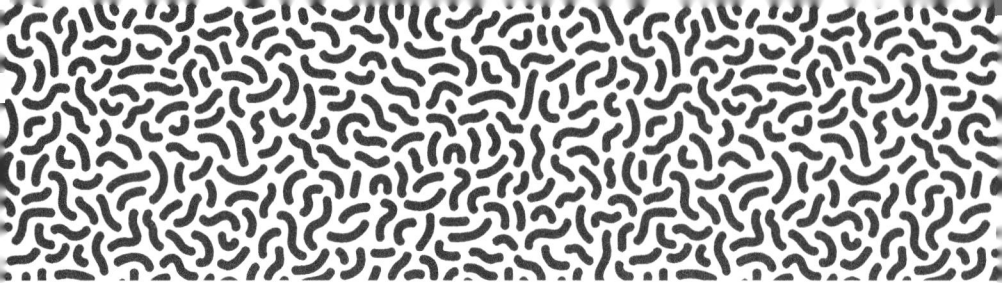

LUN	MAR	MER	GIO
30	31	1	2
6	7	8	9
13	14	15	16
20	21	22	23
27	28	29	30

VEN	SAB	DOM
3	4	5
10	11	12
17	18	19
24	25	26
1	2	3

Note

_____
_____
_____
_____
_____
_____
_____
_____

Cose da fare

○ _____
○ _____
○ _____
○ _____
○ _____
○ _____
○ _____
○ _____
○ _____
○ _____
○ _____

LUN	MAR	MER	GIO
27	28	29	30
4	5	6	7
11	12	13	14
18	19	20	21
25	26	27	28

VEN	SAB	DOM
1	2	3
8	9	10
15	16	17
22	23	24
29	30	31

Note

_____
_____
_____
_____
_____
_____
_____
_____
_____

Cose da fare

○ _____
○ _____
○ _____
○ _____
○ _____
○ _____
○ _____
○ _____
○ _____
○ _____
○ _____

LUN	MAR	MER	GIO
1	2	3	4
8	9	10	11
15	16	17	18
22	23	24	25
29	30		

VEN	SAB	DOM
5	6	7
12	13	14
19	20	21
26	27	28
3	4	5

Note

_____
_____
_____
_____
_____
_____
_____
_____
_____

Cose da fare

○ _____
○ _____
○ _____
○ _____
○ _____
○ _____
○ _____
○ _____
○ _____
○ _____
○ _____

LUN	MAR	MER	GIO
29	30	1	2
6	7	8	9
13	14	15	16
20	21	22	23
27	28	29	30

VEN	SAB	DOM
3	4	5
10	11	12
17	18	19
24	25	26
31	1	2

Note

_____
_____
_____
_____
_____
_____
_____
_____
_____

Cose da fare

○ _____
○ _____
○ _____
○ _____
○ _____
○ _____
○ _____
○ _____
○ _____
○ _____
○ _____

LUN	MAR	MER	GIO
27	28	29	30
3	4	5	6
10	11	12	13
17	18	19	20
24	25	26	27
31			

VEN	SAB	DOM
31	1	2
7	8	9
14	15	16
21	22	23
28	29	30

Note

_____
_____
_____
_____
_____
_____
_____
_____
_____
_____

Cose da fare

○ _____
○ _____
○ _____
○ _____
○ _____
○ _____
○ _____
○ _____
○ _____
○ _____
○ _____

LUN	MAR	MER	GIO
31	1	2	3
7	8	9	10
14	15	16	17
21	22	23	24
28	29	30	

VEN	SAB	DOM
4	5	6
11	12	13
18	19	20
25	26	27
2	3	4

Note

_____
_____
_____
_____
_____
_____
_____
_____
_____

Cose da fare

○ _____
○ _____
○ _____
○ _____
○ _____
○ _____
○ _____
○ _____
○ _____
○ _____
○ _____

LUN	MAR	MER	GIO
28	29	30	1
5	6	7	8
12	13	14	15
19	20	21	22
26	27	28	29

VEN	SAB	DOM
2	3	4
9	10	11
16	17	18
23	24	25
30	31	

Note

_____

_____

_____

_____

_____

_____

_____

_____

Cose da fare

○ _____

○ _____

○ _____

○ _____

○ _____

○ _____

○ _____

○ _____

○ _____

○ _____

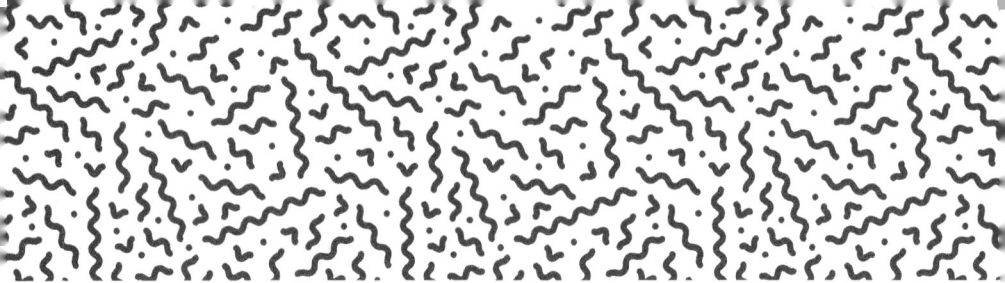

LUN	MAR	MER	GIO
2	3	4	5
9	10	11	12
16	17	18	19
23 / 30	24	25	26

VEN	SAB	DOM
30	31	1
6	7	8
13	14	15
20	21	22
27	28	29

Note

_____
_____
_____
_____
_____
_____
_____
_____
_____

Cose da fare

○ _____
○ _____
○ _____
○ _____
○ _____
○ _____
○ _____
○ _____
○ _____
○ _____
○ _____

LUN	MAR	MER	GIO
30	1	2	3
7	8	9	10
14	15	16	17
21	22	23	24
28	29	30	31

VEN	SAB	DOM	Note
4	5	6	
11	12	13	
18	19	20	
25	26	27	
1	2	3	

Note

_____
_____
_____
_____
_____
_____
_____
_____

Cose da fare

○ _____
○ _____
○ _____
○ _____
○ _____
○ _____
○ _____
○ _____
○ _____
○ _____
○ _____

LUN	MAR	MER	GIO

VEN	SAB	DOM	ORARIO

	2020	2021
Capodanno	Mercoledì 1 gennaio	Venerdì 1 gennaio
Epifania	Lunedi 6 gennaio	Mercoledì 6 gennaio
Pasqua e Pasquetta	Domenica 12 e lunedì 13 aprile	Domenica 4 e lunedì 5 aprile
Festa della Liberazione	Sabato 25 aprile	Domenica 25 aprile
Festa del Lavoro	Venerdì 1 maggio	Sabato 1 maggio
Festa della Repubblica	Martedì 2 giugno	Mercoledì 2 giugno
Ferragosto	Sabato 15 agosto	Domenica 15 agosto
Tutti i Santi	Domenica 1 novembre	Lunedì 1 novembre
Immacolata Concezione	Martedì 8 dicembre	Mercoledì 8 dicembre
Natale	Venerdì 25 dicembre	Sabato 25 dicembre
Santo Stefano	Sabato 26 dicembre	Domenica 26 dicembre

👤 _____   👤 _____
📞 _____   📞 _____
@ _____   @ _____

👤 _____   👤 _____
📞 _____   📞 _____
@ _____   @ _____

👤 _____   👤 _____
📞 _____   📞 _____
@ _____   @ _____

👤 _____   👤 _____
📞 _____   📞 _____
@ _____   @ _____

👤 _____   👤 _____
📞 _____   📞 _____
@ _____   @ _____

👤 _____   👤 _____
📞 _____   📞 _____
@ _____   @ _____

👤 _____ 👤 _____

📞 _____ 📞 _____

@ _____ @ _____

👤 _____ 👤 _____

📞 _____ 📞 _____

@ _____ @ _____

👤 _____ 👤 _____

📞 _____ 📞 _____

@ _____ @ _____

👤 _____ 👤 _____

📞 _____ 📞 _____

@ _____ @ _____

👤 _____

📞 _____

@ _____

👤 _____

📞 _____

@ _____